27
En 1990.

MADAME THORE

PAR

M. Léonce COUTURE.

AUCH,

IMPRIMERIE ET LITHOGRAPHIE DE FÉLIX FOIX, RUE BALGUERIE.

—

1862.

Madame Thore (Léontine de Mibielle) a rendu le dernier soupir, le 24 octobre dernier, dans sa maison de campagne, près d'Eauze, entre les bras de ses deux filles. Toute notre région avait appris à aimer le talent poétique de cette femme modeste, *maître ès-jeux floraux*, et à qui il n'a manqué pour atteindre une notoriété plus éclatante encore qu'un milieu plus favorable et plus de souci de la renommée littéraire. Ce qu'on admirait autour d'elle, plus encore que ce don charmant, c'était sa charité profonde, sa parfaite simplicité, sa vie sérieusement chrétienne et pieuse.

Il a semblé à propos de payer ici un double tribut de bon souvenir aux vertus de la femme et au talent du poète. Je tâcherai d'en parler avec la simplicité que son caractère et sa vie tout entière semblent m'imposer. Je citerai assez souvent ses vers eux-mêmes, où se reflète la calme et chaude lumière de son âme. Puissé-je faire aimer ainsi, par ceux qui n'ont pas connu cette admirable personne, son gracieux talent, et surtout son cœur ardent et fort qui ne battit jamais que pour les saintes amours de la famille, et sous les nobles inspirations de la foi catholique et des vieux souvenirs.

Léontine de Mibielle naquit en décembre 1816 à Esplavis, ce vieux domaine dont les allées de peupliers frappent le regard du voyageur au nord d'Eauze. Elle était la quatrième de cinq sœurs qui furent élevées ensemble, sous le toit paternel, par une dame d'un esprit fort distingué, que des revers de fortune avaient fixée dans le pays où elle était étrangère. Toutes ses jeunes élèves se montrèrent dociles à son enseignement à la fois aimable et solide. Mais de bonne heure, il fallut reconnaître chez Léontine une faculté spéciale, le don du vers. Cette jeune âme eut dès le principe son horizon matériel fort borné; mais elle plongea d'autant mieux dans la région idéale où fleurit toute poésie digne de ce nom; et dans sa sphère un peu étroite, elle n'acquit que plus de ressort et d'exquise sensibilité. Son inspiration, depuis ses débuts jusqu'à la fin, fui vint surtout de la nature contemplée avec cette jeunesse, cette enlance du regard, qui conserve aux objets leur charme natif et comme leurs goûttes de rosée matinale.

Cette émotion pure et délicieuse n'est pas rare dans les âmes bien douées; mais s'il s'agit de recueillir l'ambroisie dans un vase, d'assortir les images dans un cadre, il faut de l'art, même du métier. Léontine de Mibielle, après les classiques, ne lut guère que Lamartine, Soumet et quelques autres poètes du même ton tendre et modéré. Cependant, avant même que l'expérience lui eût donné sa part d'originalité propre, elle sut dérouler dans ses vers des pensées et des sentiments nobles et purs, avec cet ordre facile et lumineux qui est le premier signe d'une vocation réelle. Aussi, lorsqu'en 1839 elle se laissa persuader d'envoyer cinq pièces de vers à l'Académie des jeux-floraux, un succès immédiat signala l'apparition d'un nouveau talent poétique.

« Une voix mélodieuse s'est élevée des vallons riants qu'arrose la Gélise, s'écriait dans son rapport M. Florentin Ducos, secrétaire des assemblées de l'Académie; des chants suaves et purs ont animé les échos de l'ancienne Novempopulanie; et répétés de rivage en rivage, ils ont retenti jusqu'au berceau de Clémence Isaure, dont la cendre poétique a tressailli. » Et après une appréciation fort juste, où il faisait la part du convenu et du lieu commun dans ces premiers essais, admirables d'ailleurs d'élégance facile, de sensibilité contenue et de douce harmonie, le docte rapporteur ajoutait : « L'Académie est heureuse de couronner les prémices d'un jeune talent; les fleurs de Clémence Isaure nous paraissent briller d'un nouvel éclat, lorsqu'elles se marient aux tresses d'un front virginal. »

Trois de ces pièces furent insérées dans le Recueil annuel des Jeux-Floraux, et l'une d'elles, une idylle intitulée *Une Heure de Solitude*, obtint un lis réservé, près duquel vint s'épanouir, en 1843, un souci, et, en 1847, une amaranthe. L'amaranthe est, comme l'on sait, le prix de l'Ode, et la plus belle fleur de l'Académie toulousaine. Le poème de Mme Thore — c'était le nom de Léontine depuis le 23 septembre 1839 — qui obtint cette distinction était consacré à glorifier les souvenirs historiques de sa chère ville d'Eauze :

> Elusa, tu fus grande ! et la vieille Aquitaine,
> Dans les jours oubliés de son ère lointaine,
> Te nommait reine du Midi.
> Ceinte de tes forêts, sur les hauteurs assise,
> A te voir dominer l'horizon, on t'eût prise
> Pour la lionne à l'œil hardi !

Et le reste que vous savez peut-être par cœur. Car *Elusa* est, je crois, la poésie de Mme Thore la plus connue et la plus vantée. Toutefois, je mettrais plus haut beaucoup de pièces moins éclatantes. Il y a ici le souffle lyrique, l'harmonie puissante, la chaleur continue. Mais la matière poétique n'y est pas toujours d'une parfaite qualité, et l'Histoire, muse sévère et sacrée, n'a pas consenti à suivre partout le vol de la Poésie, sa capricieuse sœur.

Je ne nie point la fermeté de touche qui caractérise plusieurs strophes d'*Elusa*. Il faut bien reconnaitre que le beau talent de Mme Thore, parti des humbles et fraiches rives de l'Idylle, aspira naturellement à gravir les sentiers plus rudes de l'Ode sérieuse. La religion s'unissait d'ailleurs aux nobles instincts de sa riche nature pour l'appeler aux plus grands sujets. C'est ainsi qu'elle consacra à sainte Thérèse et à saint Jérôme deux longues odes. Son talent avait grandi à proportion; mais les difficultés de développement de la pensée et des artifices du langage, devenues plus graves à ces hauteurs, laissaient voir plus souvent les parties moins fermes et moins solides de l'artiste.

Cependant, la muse d'Eauze unissait à un esprit droit, à un cœur ardent, à une imagination active et riante, une puissance très réelle de composition; mais la langue poétique laissa toujours quelque chose à désirer, et les images ne s'amassèrent pas avec assez d'abondance et de variété dans l'arsenal du poète. Madame Thore avait vu trois fois dans sa jeunesse Biarritz et les Pyrénées; elle a fort bien su depuis encadrer dans ses vers l'immense perspective de l'Océan et des montagnes. Mais attachée sans regret à des devoirs modestes, elle ne quitta presque plus l'ombre de sa vieille église d'Eauze. Un voyage à Auch, une visite à notre antique métropole qu'elle ne connaissait pas encore, furent pour elle un événement, il y a peu d'années. Toulouse même, théâtre de ses succès, ne l'a vue que mourante. Or, la contemplation des chefs-d'œuvre de l'art, la langue d'une société cultivée, les échanges continuels de la pensée dans des causeries délicates, — toutes choses réservées aux grandes villes, — sont absolument nécessaires, dans nos temps de raffinement excessif et d'expérience outrée, pour fournir à l'écrivain d'imagination ce qui constitue la main-d'œuvre et le métier. L'inspiration naît ailleurs aussi bien, peut-être mieux; mais la forme irréprochable ne se crée ou ne se prépare que là.

Faible femme, l'arène des combats poétiques t'est ouverte. Mais avant d'y entrer, il faut t'envelopper de pied en cap dans les lourdes entraves qu'ont forgées pour tes pairs un usage capricieux et une civilisation raffinée. Marche maintenant d'un pied ferme et leste sous ce lourd fardeau. A chaque vers, étreins, enlace, dompte la pensée la plus rebelle au rhythme; et chaque fois, fais résonner avec d'harmonieux éclats l'or et le fer de ton armure. Que ces assauts partiels se succèdent et se lient l'un à l'autre, dans le cercle précis de la strophe; et que ce cercle lui-même se ferme et se rouvre vingt fois, sans effort apparent et sans monotonie.

Quoi d'étonnant, si la marche de notre aimable muse sous l'armure poétique offrit presque toujours quelque inégalité? Mais là même où son pas semble près de s'égarer, une force intérieure la guide et la soulève; quand le pied n'est pas ferme, on aperçoit les ailes qui se déploient. Telle pièce peu ciselée de Mme Thore surpassera bien des chefs-d'œuvre de métier, parce qu'elle aura, ne fût-ce que dans une strophe ou un vers, ce qui leur manque: l'accent de l'âme.

Parmi nous, on a peu senti ce qui choquerait ailleurs dans ses poésies: des mots trop vieux de vingt ans, des images qu'un trop fréquent usage a privées de leur relief ou de leur éclat, des pensées justes, des sentiments nobles et purs, mais sans nouveauté bien attachante. Les lecteurs plus expérimentés auraient tort de s'arrêter exclusivement à ces détails dont je ne veux pas contester l'importance relative. Après avoir trop abusé des formes plus ou moins renouvelées, nous en sommes venus ou à nier le style ou à ne regarder que lui, — deux extrêmes qui se touchent. Il faut lui faire sa bonne part. Mais, en dehors de toute idée préconçue, partout où la pensée, l'image, l'émotion éclatent sous les mots, on doit le reconnaître et le saluer. Une épithète, un hémistiche un peu usés peuvent passer, pourvu qu'une vie réelle anime et emporte la strophe.

Etre plus exigeant, c'est se priver par système des émotions les plus saines et des admirations les plus légitimes. Puis d'ailleurs, c'est une question de *plus* ou de *moins;* notre poésie n'échappera jamais complètement à ce qu'il y a de convenu, et partant de changeant et de vague, dans le vocabulaire des mots dits *poétiques.* Le génie seul donne à cette monnaie courante son titre et son poids. Encore si vous voulez être rigoureux, et rejeter tout ce qui ne porte pas l'empreinte d'une complète fusion de l'idée et du style, vous vous exposez à un dénuement absolu dans le bagage poétique de notre siècle: Non vraiment, sauf peut-être deux ou trois tirades de Musset et quelques strophes du premier Lamartine, il ne vous restera rien.

D'ailleurs, il s'en faut de beaucoup que la forme soit souvent rebelle à l'inspiration dans les œuvres de notre poète. Sa strophe est toujours d'une harmonie parfaite et d'une allure naturelle. Jamais de ces tronçons de vers qu'un effort visible a soudés; jamais de ces phrases où une étude pénible condense les mots et les pensées au point de décourager l'attention autant que l'oreille; on est ici loin de ces procédés devenus presque universels, et tout coule de source avec une abondance facile et harmonieuse.

Un juge délicat des choses de goût et d'art a remarqué qu'il y a des vers métalliques, des vers vivants et des vers qui ont de l'âme. Notre poëte nous offrira quelquefois la première espèce de vers :

> Le monde est fait pour l'homme et l'homme pour les cieux;

quelquefois la seconde :

> Les mousses suspendus au cordage qui tremble,
> Les mouettes tournant, quand le vent les rassemble
> Près des pavillons déployés;

mais son triomphe est dans les vers où bat et résonne son âme tout entière. Lisez ses strophes touchantes *A mes Filles*. Il y a du Gilbert dans cet adieu plaintif et résigné, crayonné par une tendre mère au milieu des souffrances d'une maladie dont l'issue n'était que trop certaine pour les siens et pour elle. Je ne cite, pour faire court, que les trois dernières strophes :

> O mort! ne puis-je donc éloigner ton image!
> Laisse-moi! laisse-moi! je t'en prie à genoux......
> Mais que dis-je? Seigneur, donnez-moi le courage
> De mourir comme vous.

> Que votre volonté soit faite et non la mienne;
> J'accepte ce calice où vous versez le fiel.
> Seigneur, ayez pitié d'une mère chrétienne
> Qui, les yeux vers le ciel,

> Baisant du crucifix les empreintes divines,
> Vous donne son amour, son espoir et sa foi.
> Et vous que je bénis, ô pauvres orphelines,
> Priez! priez pour moi!

Singulier hasard! ou plutôt paternelle faveur de la divine Providence! Bien avant ce testament si ému, si trempé de larmes, Madame Thore avait considéré la mort de près. J'ai là une pièce inédite faite à propos des souhaits de bonne année, en 1845. Je ne puis me défendre d'en insérer ici la meilleure partie :

TESTAMENT.

> Je m'en vais ... je sens que je m'en vais à Dieu.
>
> Alfred De Vigny.

. . . .

Oh! jeunes mères! notre rêve
Est la fleur rose du pêcher
Qui promet à l'été sa sève,
Et qu'un souffle d'avril enlève
Sur la branche près de sécher.

Hélas! hélas!... si la souffrance
Brisant mon corps trop affaibli,
Fait passer ma jeune existence
Du bonheur au morne silence
De la tombe où germe l'oubli;

Si pour les rives éternelles
Je laisse sur mon seuil désert
Mes deux enfants pleurants et frêles,
Comme un couple d'oiseaux sans ailes
Dans un nid froid et découvert;

. . . .

Ecoutez: de ma suprême heure
Je veux laisser un monument;
Pour que ces pages que j'effleure,
Où mon cœur aime, prie et pleure,
Vous révèlent mon testament,

Au Dieu juste et bon qui réclame
L'éternité de mon amour,
En mourant je lègue mon âme,
Pour qu'elle aille allumer sa flamme
Au foyer du divin séjour.

Aux fleurs de mauve et de bruyère
Je lègue mon corps, hôte obscur,
Haillon d'un jour, grains de poussière,
Que dépouille l'âme héritière
Pour se vêtir d'or et d'azur.

Je lègue à l'époux qui me pleure
Le souvenir de mon amour,
Chaîne d'or brisée à cette heure
Où je veux qu'il vive et qu'il meure
Fidèle jusqu'au dernier jour.

. . . .

Et vous, ô mère ! ô sœurs chéries !
Venez autour de mes cyprès
Tresser en guirlandes fleuries
Vos vertus dans l'ombre accomplies,
Vos prières et vos regrets.

Moi, dans la gloire où Dieu rayonne,
L'âme et les yeux tournés vers vous,
J'apprêterai votre couronne,
Priant le Seigneur qu'il vous donne
La même place à ses genoux.

Et toi, rayon dans mon nuage,
O ma fille, ô mon doux trésor !
. . . .
. . . .

Oh ! je te laisse encor la lyre
Où mon cœur chanta ses doux airs.
Si pour toi sa corde soupire,
Rêveuse enfant, fais-lui redire
L'écho des célestes concerts.

Tous mes chants, trésor poétique,
Tous mes recueils, ils sont à toi !
Garde-les comme une relique;
C'est la blanche et riche tunique
Que mon âme laisse après moi.

Cet autre enfant débile et frêle,
Nid trouvé sur un arbre mort,
Je le lègue au Dieu qui m'appelle...
Seigneur, reprends-le sous ton aile
Pour le ramener vers le port.

Et maintenant dans ma demeure
Dicte tes arrêts triomphants !
Je suis prête... sonne mon heure !
Mais pardonne, ô Dieu, si je pleure :
Je ne verrai plus mes enfants !

C'est ainsi que la muse chrétienne se montrait douce envers la mort qui semblait encore si loin d'elle. Il n'en pouvait être autrement. Madame Thore avait toujours eu les plus vifs sentiments de religion. Mais au lieu de s'attiédir à travers les croissantes préoccupations de la vie de famille, sa piété avait acquis un plus haut degré de ferveur qui se manifestait dans toutes ses actions. Dans l'éducation de ces deux filles, qui prenait presque toutes ses heures, elle plaçait au-dessus de tout les enseignements de la foi et les pratiques de la piété catholique. Présidant à leurs lectures, elle n'avait pas à être beaucoup plus sévère pour de jeunes enfants que pour elle-même; elle ne cherchait et ne sentait le beau que dans les œuvres avouées par sa conscience sérieusement chrétienne. Aux livres de littérature et d'instruction profane, elle préférait de beaucoup, surtout dans les derniers temps, les saintes lectures qui entretiennent la vie divine dans les âmes. L'Imitation de Jésus-Christ, saint François de Sales, sainte Thérèse, le P. Lacordaire étaient ses auteurs de prédilection.

Elle ne haïssait point la société, et elle s'était bien aperçue sans doute qu'elle n'y déplaisait pas. Mais elle préférait l'isolement de la campagne où elle était née et où elle a voulu mourir. Presque toute sa vie s'est passée aux champs dont les aspects variés, les travaux successifs, l'air libre et pur avaient pour elle un charme incomparable et toujours nouveau. Elle s'y sentait vraiment chez elle. A tous ses voisins, même aux plus pauvres et aux plus grossiers, elle parlait avec la même bienveillance et le même tact exquis. Que de saintes paroles discrètement jetées dans ces âmes trop dédaignées! Que de bons conseils qui ont fructifié sous la grâce de Dieu, loin du regard des hommes! Son accent allait au cœur de ces braves gens. Aussi n'hésitaient-ils pas à la consulter, à lui demander mille services qu'elle était heureuse de leur rendre. Elle prêtait sa plume et son esprit à ces bons paysans pour correspondre avec des parents éloignés, avec leurs fils au service. Parfois même elle a bravement écrit à des colonels pour demander un sursis à l'expiration du congé de quelque troupier du voisinage; est-il besoin d'ajouter qu'elle n'a jamais éprouvé de refus?

La promenade dans les champs était sa récréation la plus douce et la plus fréquente. Les moindres objets lui devenaient alors l'occasion de réflexions simples et pratiques, où la pensée de Dieu venait comme d'elle-même dominer tout le reste. La visite des malades était souvent le but de ces courses où ses filles l'accompagnaient toujours. En se rendant chez les pauvres, elle n'oubliait pas de serrer dans son panier quelques provisions qu'elle aimait à remettre elle-même. Mais partout elle apportait les consolations d'une foi vive et d'un cœur débordant de charité. La pensée de Dieu a pénétré bien souvent avec elle dans les plus misérables réduits; avant de quitter le malade qu'elle avait consolé, elle ne manquait pas de s'agenouiller au pied de son lit pour réciter quelque prière avec ses filles.

L'instruction de ses enfants ne suffisait pas à son zèle. Beaucoup de petits paysans venaient la trouver, à différentes heures du jour, pour apprendre de sa bouche la prière et le catéchisme. Elle y ajoutait volontiers l'histoire sainte; et rien n'égalait sa joie, quand elle entendait répéter par ces pauvres enfants les histoires les plus touchantes de la Bible ou les plus beaux traits de la vie de Notre-Seigneur Jésus-Christ. Sa persévérance et sa douceur incomparables triomphaient des naturels les plus rudes et fécondaient les mémoires les plus ingrates. Quand les petits pâtres, obligés de mener leurs troupeaux aux champs de grand matin, ne pouvaient se rendre auprès de la bonne dame, elle est allée souvent les trouver elle-même. Elle les abordait familièrement, s'asseyait près d'eux sur un tertre ou au pied d'un chêne, et les interrogeait avec douceur, leur enseignant de mille manières à être sages et à aimer Dieu.

Telles étaient les occupations journalières de cette âme si richement douée de tous les dons de l'esprit. Elle avait pourtant aussi ses fêtes attendues avec impatience et joyeusement remplies : c'étaient les fêtes de la religion. Eloignée d'une bonne lieue de toutes les églises, elle n'hésitait pas à partir en toute saison, et souvent à pied, non-seulement pour les offices du dimanche, mais pour assister à une réunion pieuse, à un sermon, à une bénédiction du Saint-Sacrement, aux exercices du mois de Marie. Pour rien au monde, elle n'aurait cédé sa place à la procession des Rogations, qui avait un charme infini pour son âme poétique; aussi n'y manqua-t-elle jamais, quoiqu'elle dût pour y assister se lever longtemps avant le soleil.

On sent que la foi la plus profonde animait tous les détails de cette vie si humble et si bien remplie. Madame Thore entretenait ce feu sacré par l'assidue fréquentation des Sacrements et par la prière. Elle savait, à l'occasion, avec une prudence parfaite, conseiller et enseigner aux autres ces saintes pratiques qui faisaient sa force et son bonheur. Pour former sa plus jeune fille à l'exercice de l'Oraison, elle s'est astreinte pendant plusieurs années à méditer chaque matin avec elle à haute voix.

C'est dans sa solitude paisible, sanctifiée par tant d'œuvres connues de Dieu seul, qu'arrivaient de temps en temps d'un lointain où notre poète n'aspirait pas à pénétrer les lettres les plus flatteuses, et les fleurs d'or et d'argent de Clémence-Isaure. Ces distinctions, qui ne troublèrent jamais ses habitudes simples et modestes, ne pouvaient être indifférentes à son âme d'artiste, dont les instincts poétiques gagnaient toujours en vigueur et en délicatesse. Sa simplicité, parfaitement sincère, n'avait rien qui sentit l'effort. Dans les conversations, son imagination vive et riante ne refusait pas toujours de faire jaillir l'étincelle. Au milieu d'un cercle de personnes de son âge, où l'on vous aurait dit qu'elle se trouvait, sans vous la faire connaître, vous auriez pu la deviner. Elle se trahissait de temps en temps par l'éclair involontaire du regard, par l'animation spontanée de la parole; jamais par l'étalage de ses connaissances ni par sa promptitude à juger. Quand elle donnait un avis en matière littéraire et poétique, elle pouvait, sans cesser d'être sincère, tomber dans un excès d'indulgence : je le dis en connaissance de cause. Sa belle âme allait naturellement en chaque chose à ce qu'elle renfermait de meilleur, et y ajoutait encore du sien.

Les hommages qui lui arrivaient dans sa retraite étaient pourtant de nature à déconcerter une modestie moins solide que la sienne. Je ne veux citer ni Lamartine, ni Soumet, ni Reboul, ni le P. Lacordaire. Mais je ne priverai pas mes lecteurs de quelques lignes de M. de Châteaubriand. Il est plus facile de discuter, d'attaquer, de calomnier l'Homère de notre siècle que d'enlever à ses moindres œuvres leur inimitable caractère de grandeur et de mélancolie, qui effraie et qui charme. Madame Thore osa lui transmettre en 1843 l'expression poétique d'une admiration déjà ancienne et qui ne se démentit jamais ; elle employait naturellement les plus splendides images pour symboliser cette grande gloire. M. de Châteaubriand lui répondait le 7 juin 1843 :

« J'ai lu vos vers charmants, Madame, en partant pour les lieux que vous habitez. Je ne suis malheureusement ni un cèdre, ni une coupe de miel, ni un soleil divin; je ne suis qu'un vieil homme qui se meurt, mais qui est toujours charmé des talents qui promettent de nouveaux jours à ma patrie. »

L'illustre écrivain se rendait en même temps aux eaux de Næris. C'est là qu'il reçut la poésie où Madame Thore lui exprimait sa reconnaissance et ses vœux ardents. Voici deux ou trois strophes de cette pièce que je voudrais citer tout entière :

> Oh ! va dans la montagne aux retraites profondes
> Pencher ta lèvre en feu vers les sources fécondes
> Qui raniment les cœurs...

Oh ! puisse le ciel bleu, sans rosée et sans voiles,
Eveiller sur ton front ses plus douces étoiles
    Pour tes rêves du soir,
Et la brise, apportant de nos plaines chéries
L'odeur des foins épars et des vignes fleuries,
    Te servir d'encensoir !

Oh ! puissent nos oiseaux s'exiler de nos rives
Pour endormir tes nuits par leurs notes plaintives !
    Oh ! que ne puis-je encor
A ton front noble et pâle, où tant d'heures sonnées
Ont blanchi tes cheveux, donner quelques années
    De ma jeunesse d'or !

Cet accent de sincère enthousiasme émut le grand homme. Voici sa réponse :

« Madame, j'ai lu avec saisissement vos beaux vers. Malheureusement je n'en suis plus digne. Sous cet amas de jours qui me couvre, j'aperçois à peine ma tombe; encore est-ce parce qu'elle est proche de moi, et que je n'ai plus qu'un pas à faire pour y descendre. Je ne voudrais pas accepter un seul cheveu de votre *jeunesse d'or;* gardez-la tout entière. Soyez pleurée de votre époux et de votre enfant. Je ne mérite aucun souvenir des hommes; seulement, par une faiblesse pardonnable, je me plais trop à entendre le chant de quelque ange comme vous. Vous voyez, Madame, que je ne peux même écrire et que j'ai été obligé de dicter ce peu de mots à un secrétaire.

» Agréez, je vous prie, mes hommages, mon admiration et mon respect.

» CHATEAUBRIAND. »

Le renom de madame Thore avait grandi insensiblement. L'Académie des Jeux-Floraux crut s'honorer en lui offrant un de ses fauteuils. C'est le 3 mai 1857 qu'elle fut proclamée, en séance solennelle, maître ès-jeux-floraux, et que l'Académie entendit la lecture de son gracieux remerciment. Une seule fois jusqu'alors, si je ne me trompe, cet honneur avait été décerné à une femme.

C'est dans l'éclat toujours croissant de sa gloire poétique que madame Thore sentit, il y a près de trois ans, les premières atteintes d'une affection de poitrine, alarmante dès le début, et qui bientôt ne laissa plus d'espoir. Elle étudiait depuis longtemps la sagesse chrétienne qui consiste à savoir mourir. Mais l'inquiète tendresse des siens se hâta de l'entourer de mille soins qui pouvaient soutenir pendant de longs mois une existence définitivement condamnée. Elle se plia docilement à un régime de continuelles précautions pour prolonger le plus possible son séjour parmi ceux qu'elle aimait tant, et retarder de tout son pouvoir le moment de leur suprême désolation. Elle alla même consulter des médecins à Toulouse; pendant son séjour, elle se fit porter au Capitole, vit le fauteuil que l'académie lui avait offert, et déposa modestement une fleur sauvage aux pieds de la statue de Clémence Isaure. Mais elle ne voulut assister à aucune séance académique.

Elle revint avec son mal à Eauze, où elle a langui longtemps dans cet état de douleur résignée, qu'elle a si bien exprimé dans son adieu à ses filles. Toutefois, pour comprendre le calme d'une âme vraiment chrétienne dans l'extrème souffrance, qu'on lise les deux pages suivantes, écrites de sa main sur les gardes de ses deux Imitations de Jésus-Christ et de la Sainte Vierge dont elle faisait cadeau à ses filles.

« Martet, 2 juin 1861, jour de la Fête-Dieu.

» Mes filles bien-aimées,

» L'année prochaine, quand vous suivrez notre cher Sauveur dans ces belles processions qui se font au milieu des fleurs et de l'encens, pensez à moi. Il a plu à Dieu de me priver pendant deux ans de la joie de participer à ces fêtes; mais je crois que, l'année prochaine, je les verrai dans tout leur éclat. Consolez-vous de mon absence par la pensée que la miséricorde de Dieu m'aura reçue dans son sein, et que de là je vous vois, je vous chéris, je prie pour vous.

» Je vous donne ce livre qui a été mon conseil et mon ami. Quand j'ai eu des peines (et je remercie Dieu de m'avoir donné des contradictions), quand j'ai eu des peines, j'ai trouvé dans ce saint livre des consolations et de la compassion. Toutes les pages sont empreintes de l'esprit de Celui qui a dit qu'il était doux et humble de cœur. Soyez douces et patientes comme le Sauveur Jésus; et vous sur la terre et moi dans le séjour des âmes, tenons-nous unies, pressées, embrassées dans la prière, la confiance et l'amour.

» Votre mère dévouée,

» Léontine Thore de Mibielle. »

— « Mes filles bien-aimées. Vous avez deux mères. L'une, que la Providence a chargée de vous nourrir, de vous soigner, de vous élever, de vous aimer, ne vous est prêtée que quelques jours. Elle est rappelée dans le sein de Dieu pour lui rendre compte de sa mission. Que le Seigneur me pardonne toutes les fautes que j'ai commises, et me compte comme une vertu l'immense amour que je vous ai porté ! L'autre Mère qui a tant de secours, tant de richesses à vous donner, c'est Marie. Aimez-la bien plus que moi, invoquez sa bonté et travaillez à sa gloire.

» Ce livre que j'ai toujours lu avec bonheur vous dira la tendresse du cœur de cette Mère, et vous fera penser à celle qui peut-être jouit de la douce société de Marie.

» Léontine THORE.»

Sur le point de dire comment s'est terminée une vie si méritoire, je me sens au cœur et à la main un frémissement de crainte. Heureusement, j'ai là une lettre d'Eauze dont je me suis déjà servi sans le dire. Ici, au risque de blesser la modestie d'une pieuse dame, digne sœur de celle que nous regrettons, je ne sais plus que la laisser parler elle-même:

« Sa confiance en la miséricorde de Dieu ne s'est jamais démentie. Aussi n'a-t-elle cessé d'espérer un seul jour dans sa maladie que Dieu la recevrait dans son sein à sa mort, et qu'elle ne passerait que quelques jours en Purgatoire. Elle nous l'a dit plusieurs fois; elle l'a répété à son confesseur, se hâtant d'ajouter que ce n'était pas de sa part confiance dans le mérite de ses œuvres, qu'elle croyait toujours très imparfaites, mais parce qu'elle était convaincue de la bonté infinie du Sauveur. Son état de souffrance qui durait depuis si longtemps n'avait pas un instant altéré dans son âme la douceur et la paix, les vertus qu'elle chérissait par-dessus toutes les autres en Notre-Seigneur, et qu'elle avait le plus constamment pratiquées. Jamais nous n'avons surpris chez elle un murmure ou une impatience. Au commencement de sa maladie, elle demandait sa guérison; depuis de longs mois, elle ne demandait que l'accomplissement de la volonté de Dieu. Sa faiblesse l'empêchait de prier beaucoup; mais elle faisait prier ses filles près d'elle, et s'unissait à leurs prières. Comme elle les aimait ! Tous ses regrets de la vie étaient pour elles. Si elle avait désiré de prolonger son existence, qui était devenue si triste par la maladie, c'était pour les aimer plus longtemps. Elle leur disait souvent qu'elle désirait mourir entre leurs bras, comme saint Joseph s'était endormi dans les bras de Jésus et de Marie. Dieu lui a accordé cette grâce.

» Elle avait un grand amour pour le Crucifix. Elle en avait toujours un près d'elle, le regardant quand sa toux devenait fatigante, le baisant quand ses souffrances augmentaient, le tenant dans ses mains pendant ses prières. Parfois, elle n'en avait pas la force; alors, s'appuyant sur le dossier de son fauteuil, elle le déposait doucement sur sa poitrine. Elle recevait la sainte communion souvent, mais, comme elle était toujours à la campagne, moins fréquemment qu'elle n'aurait désiré. Elle eut ce bonheur la veille même de sa mort.

» Aucun symptôme ne faisait pressentir sa fin si prochaine. Le matin même du triste jour, elle fut aimable et souriante pour ses visiteurs. A l'heure accoutumée, elle se levait soutenue par ses deux filles, quand tout à coup survint un crachement de sang. Ses enfants furent troublées au-delà de toute expression. Elle seule ne perdit point sa tranquillité ordinaire. Elle demanda qu'on la remît sur sa couche. Puis, elle tâchait de calmer l'agitation de ceux qui l'entouraient en disant : « Que » voulez-vous? c'est la volonté de Dieu. » Elle se fit donner la croix; et ne pouvant la baiser à cause du sang qui remplissait sa bouche, elle la pressa fortement contre sa poitrine. Enfin, regardant tour à tour ses deux filles chéries, elle leur sourit et s'endormit dans le Seigneur.»

Après cette touchante esquisse d'une mort précieuse devant Dieu, ce n'est plus le moment de parler de vers ou de prose. J'ose à peine exprimer ici le vœu qu'une main délicate choisisse les meilleures poésies contenues dans les volumineux albums de Madame Thore, et en compose, en les réunissant à celles qui ont paru çà et là, un volume d'une lecture aussi aimable que salutaire. Je ne songe plus à l'écrivain, je ne vois que la femme selon le cœur de Dieu. Chère Madame, tous ceux qui vous ont connue se plaignent que vous les avez quittés trop tôt; mais les saints continuent toutes leurs œuvres dans la mort encore mieux que dans la vie. Reposez donc en paix dans l'humble cimetière de votre ville bien-aimée, à l'ombre de l'église de votre baptême, sous la croix de Celui en qui vous avez espéré jusqu'à la fin. Ni les larmes, ni les prières, ne manqueront de longtemps à votre tombeau. Déjà, nous en avons la confiance, votre âme s'abreuve à la source de la poésie céleste, et contemple sans voile l'éternelle beauté. Ici-bas, dans cette obscure contrée dont vous étiez l'honneur, le double souvenir de vos chants et de vos vertus ne périra point. Puisse-t-il y être pour les filles et les mères une leçon efficace ! Puisse-t-il leur dire à jamais que l'esprit d'une femme, si brillant, si cultivé qu'il soit, compte pour peu de chose, devant Dieu et devant les hommes, s'il ne s'allie à ces vertus modestes et laborieuses dont vous avez été l'incomparable modèle !